AF243190

LÉGENDE

DE

SAINTE ÉLIDIE

PATRONNE DE SAINT-ALYRE

AVEC UNE PRÉFACE

PAR M. J. Sabbatier

SE VEND AU PROFIT DE L'ŒUVRE

PARIS

IMPRIMERIE GÉNÉRALE DE CH. LAHURE

RUE DE FLEURUS, 9

1865

LÉGENDE

DE

SAINTE ÉLIDIE

LÉGENDE

DE

SAINTE ÉLIDIE

PATRONNE DE SAINT-ALYRE

AVEC UNE PRÉFACE

PAR M. J. S.

SE VEND AU PROFIT DE L'ŒUVRE

PARIS

IMPRIMERIE GÉNÉRALE DE CH. LAHURE

RUE DE FLEURUS, 9

1865

PRÉFACE.

La légende de sainte Élidie paraissant sous les auspices d'un homme du monde, n'en sera-t-elle pas amoindrie? Appartient-il à un profane de faire l'éloge des saints?

Ne croyez pas, lecteur, que j'aie voulu usurper le rôle du panégyriste. Non ; j'ai désiré que la douce patronne de mon village eût un historien digne d'elle ; je l'ai cherché et ne l'ai point trouvé. Je me suis adressé à un dignitaire de l'Église, je lui ai dit : « Une humble commune, perdue dans les montagnes de l'Auvergne, vous supplie de l'aider à réparer les injures faites par le temps à l'autel de la jeune martyre née dans son sein. Aidez cette commune ; cela vous est facile ; à votre voix l'aumône accourt abondante et empressée ; aidez de pauvres gens, et glorifiez, comme

vous savez le faire, l'une des plus saintes filles du
ciel.

— Impossible, me répond l'homme d'église, il
faut la permission de l'autorité hiérarchique, et l'autorité hiérarchique n'accorde plus de ces permissions
dont on a abusé. » — O charité, vertu sublime, serait-
il vrai qu'on voulût te retenir captive dans l'opulente
cité, et que si tu essayais d'en franchir les barrières,
une sentinelle insolente te crierait : « Halte-là, on ne
passe pas ! » ou ne serais-tu pas déjà exilée de la
terre, détrônée par la maxime impie de l'égoïste, qui
osa dire un jour à la face du monde : « Chacun chez
soi, chacun pour soi? »

J'insiste. « Soit, dis-je au dignitaire, la sœur dés-
héritée du hameau ne tendra plus une main indiscrète
à sa sœur la riche héritière de la ville, dont vous êtes
le tuteur ; mais daignez au moins honorer en elle, pour
l'édification publique, le courage et la vertu. Élidie a
vu le jour sous le même ciel que Blaise Pascal, Michel
l'Hôpital, le pape Gerbert et Vercingétorix. Une gé-
néreuse paysanne qui se laisse égorger pour ne pas se
laisser déshonorer, serait-elle moins digne de respect
et d'admiration que le génie, don gratuit de Dieu ; la
science, fruit de l'étude ; l'héroïsme des batailles, fièvre
dévorante du crime aussi bien que de la vertu, quand
il n'a pas pour mobile ou pour excuse la défense du sol
natal, le salut de la patrie? La martyre inconnue de
Germalanges qui aurait vu un temple s'élever pour elle

chez les Grecs religieux d'autrefois, sera-t-elle repoussée par le prêtre de Jésus, elle, la plus pieuse des ser-
vantes de celui qui mourut pour sauver les hommes,
et sera-t-elle repoussée uniquement pour n'être pas
née sur les bords fleuris de la Seine ?

— Impossible, me répond l'homme d'église, il
faut encore, il faut toujours la permission de l'autorité
hiérarchique, pour faire à Paris, même l'éloge du courage et de la vertu, sous un vocable étranger. »

Voilà, lecteur, comment une plume profane se croit
obligée d'écrire ce qu'aurait dû dire une bouche sacrée.
Fallait-il laisser un noble caractère du moyen âge
éternellement oublié ou défiguré par les fables de
cette longue nuit de l'esprit humain ? Fallait-il ne pas
le venger du dédain de ceux qui refusaient de le mettre
en lumière ? N'est-il pas écrit que Dieu qui brisera les
superbes exaltera les humbles ? Oui, le jour de la réparation est venu pour Élidie, et ce sera un homme du
monde qui essaiera cette réparation, comme ce sont
les gens du monde qui relèvent le modeste monument
que l'antique piété de leurs pères lui avait consacré.
Si on peut nous contester le droit de parler de la
sainte, on ne nous contestera pas le devoir de parler
de l'héroïne.

La légende d'Élidie offre dans sa simplicité naïve
un caractère qui n'est pas sans grandeur, et qui frap-
pera du premier coup d'œil l'âme tendre et l'esprit
élevé. L'âme froide, la nature vulgaire, l'esprit mes-

quin n'y verront qu'un roman stupide. Quoi! diront-
ils, une villageoise, une servante ayant l'audace de
résister à l'homme puissant qui, pouvait lui faire
impunément violence, et voulait bien par lui faire
l'honneur de la séduire? Allons donc! C'était assez
étrange au XIIe siècle; aujourd'hui, ce serait tout
simplement ridicule. Est-ce que les filles du peuple
n'ont pas toujours été faites pour les mêmes plaisirs
de messieurs les grands seigneurs ou de messieurs les
financiers qui les remplacent? Rebelle autrefois, sotte
toujours celle qui résiste! Ainsi a été, ainsi ira le
monde!

Vous qui tenez ce langage, avez-vous connu votre
mère? avez-vous des sœurs ou des filles, et seriez-
vous devenus des lâches après avoir été des libertins?
Sachez au moins respecter chez les autres les qualités
que vous n'avez pas. Honorer la vertu, c'est être presque vertueux, ou du moins mériter de le devenir.
Éclairer la jeunesse, placer sous ses yeux des exemples qui la frappent plus que de froids conseils, l'aider
ainsi à éviter les périls qui menacent son inexpérience,
c'est jusqu'à un certain point se rendre digne soi-
même de pardon pour les fautes de sa jeunesse. On
en a commis dix, on en a commis cent, mais on en
fait éviter mille; la justice de Dieu peut trouver là une
sorte de compensation.

Je sais bien qu'un certain public ignorant autant
que railleur, affectant par faiblesse ou par un singu-

lier orgueil des défauts qu'il n'a pas, une corruption d'esprit et de cœur dont il n'est pas atteint, qui obéit comme un automate à des préjugés, à l'opinion de gens que dans le fond de son âme il méprise ; je sais bien que ce public qui ne pense que par le cerveau d'autrui et qui a l'hypocrisie du vice, me dira : Bonhomme, on voit bien que vous vous faites vieux, vous devenez dévot. — Dévot ! au moyen âge, j'aurais été probablement brûlé pour ne l'être pas ; sous Louis XIV, certainement persécuté, car j'aurais protesté contre la dévotion coupable autant qu'impolitique de Mme de Maintenon, et je suis heureux de vivre dans un temps où le gouvernement de mon pays ne s'inquiète guère de ce que je pense en matière de religion. Dévot ! dans l'acception que vous donnez à ce mot, je ne le fus, je ne le serai jamais. Religieux, c'est autre chose ! Oui, je crois en Dieu, créateur et conservateur de toutes choses ; je crois en sa justice, surtout en sa bonté. Je vois à la lumière de ma conscience qu'il me sera tenu compte du bien comme du mal que j'aurai fait. Je ne sais ce qui se passe dans « ce monde inconnu où nous arrivons tous par le sentier de la tombe[1] ; » mais j'affirme l'impuissance de la mort, qui n'est, si j'ose ainsi parler, que le passage de la rive gauche à la rive droite du fleuve éternel de la vie. Vie

---

1. Victorin Fabre, *Oraison funèbre du maréchal Bessières, duc d'Istrie.*

en deçà, vie au delà, vie sans fin comme Dieu dont nous sommes le souffle impérissable. Et de même que je suis certain que l'humble prière que j'adresse à l'Éternel, franchit comme l'éclair l'incommensurable distance qui me sépare de lui, j'ai la douce confiance que l'élan de mon cœur arrive à ceux qui m'ont aimé ici-bas, comme l'élan de leur cœur arrive jusqu'à moi. Ils n'ont pas cessé de m'aimer, puisqu'ils n'ont pas cessé de vivre ; ils souffrent de mes souffrances, comme ils sont joyeux de mes joies ; il manque à leur complet bonheur de me voir heureux moi-même ; ils gémissent des faux pas qu'ils me voient faire, et ils prient Dieu de me tendre une main secourable pour assurer ma marche chancelante. Par quel pont invisible les âmes peuvent-elles ainsi communiquer d'un monde à l'autre ? Demandez à la prière de vous montrer ses ailes, demandez le secret de sa nature à cette étincelle que le génie de l'homme a dérobée à la foudre, et dont il a fait la docile et muette messagère de ses pensées !

La tendresse de la mère pour son enfant, la piété du fils pour sa mère n'ont donc été sur la terre que les premiers anneaux d'une chaîne d'amour qui a eu un commencement, mais qui n'aura pas de fin. Que s'il en était autrement, si je n'avais été créé que pour vivre un jour et retomber dans le néant, je maudirais Dieu au lieu de le bénir, et je lui demanderais compte du crime de mon existence.

Ceux donc qui croient en l'immortalité de l'âme

s'étonneront-ils de mon culte pour Élidie, de l'amour du frère pour sa sœur aînée, de la reconnaissance du citoyen pour la femme qui a illustré son sexe et qui aurait été le modèle des mères comme elle a été le modèle des filles, si elle n'eût dû mourir prématurément et montrer par sa mort tragique, que c'est plutôt sous le chaume qu'à l'ombre des hautes tours et des palais que résident l'honneur et la vertu.

Mais c'est ici que ma tâche devient délicate et difficile. J'entends qu'on me dit : Nous vous avions cru libre penseur, seriez-vous changé? Vous seriez-vous réfugié sous le drapeau de l'obscurantisme et de la crédulité? Nous vous aurions passé, à la rigueur, l'éloge de votre Élidie, portant haut, pour une servante, le sentiment de sa dignité; mais la sainte, mais le fétiche! ah! c'est trop!

Je pourrais, en effet, laisser de côté la sainte, si je croyais que ceux qui ont quitté la terre fussent indifférents à ce qui s'y passe. Tel n'est pas mon sentiment. Je pense à cet égard ce qu'ont pensé tous les peuples, depuis l'origine que nous attribuons au monde jusqu'au temps où nous vivons. Tous, sans exception, ont cru que les morts s'intéressaient aux vivants et se plaisaient à les visiter. Les païens, qui appelaient dieux ce que nous appelons saints, avaient leurs lares et leurs pénates, c'est-à-dire leurs parents morts qu'ils honoraient dans l'intérieur du foyer domestique. Ils avaient ensuite des dieux intermédiaires supérieurs aux lares et aux pénates, mais inférieurs et subordonnés au Dieu suprême, tout puissant, ou Dieu proprement dit, et ils leur rendaient un culte public. Les chrétiens prient pour le repos des âmes de leurs parents, et ils invoquent les saints ou esprits élevés qui, s'étant fait remarquer par la pureté de leur vie, sont réputés puissants auprès de Dieu. Quelle différence entre la croyance des païens et celle des chrétiens? Aucune au fond, une légère dans l'expression. Le culte des païens était grossier; ils égorgeaient des animaux et même des hommes; les chrétiens se bornent à rappeler le sacrifice de l'auguste victime qui s'est immolée pour le salut de tous les hommes. Le culte des uns était matériel, celui des autres est spirituel. Les premiers faisaient couler le sang sur l'autel, les seconds se contentent de brûler sur l'autel les parfums de l'Orient. Même croyance, même culte.

Cette croyance universelle est-elle erronée et ne peut-on l'admettre qu'en faisant abnégation de sa raison? Je sais, quoiqu'en ait dit Lamennais dans son *Indifférence en matière de religion*, que l'univers peut se tromper tout aussi bien qu'un seul homme, quand il parle de ce qu'il ne peut pas vérifier.

Cependant, il y a deux sortes d'idées très-différentes qu'il faut éviter de confondre. Les unes prennent naissance dans notre cerveau, les autres dans notre conscience. Les premières, sans autre base que l'imagination, sont flottantes comme l'organe qui les crée ; les secondes peuvent être obscurcies, altérées, faussées, mais elles ont une racine indestructible, plantée par Dieu lui-même dans les entrailles de notre nature. Au cerveau, les spéculations de l'esprit, la science, les découvertes utiles ou agréables à la vie physique et passagère ; à la conscience, les sentiments indispensables à la vie morale, à la fin de l'homme. La science naît, marche, progresse. Autrefois, le soleil tournait ; aujourd'hui, c'est la terre qui tourne, et les moissons mûrissaient comme elles mûrissent. Mais toujours et sans variation, l'homme a là, dans sa conscience, écrits en lettres de feu, ces mots : « Dieu, âme immortelle, peines et récompenses, fais pour ton frère ce que tu voudrais qu'il fît pour toi, ne fais pas contre lui ce que tu ne voudrais pas qu'il fût fait contre toi. » Voilà des idées qu'on ne nous apprend pas, que nous apportons en naissant, parce qu'elles sont nécessaires, et qui ne progressent pas, parce qu'elles sont immuables.

Ces idées sont la base des religions, culte de Dieu, et culte des intelligences célestes ou des saints, intermédiaires bienveillants entre la grandeur du Créateur et la faiblesse de la créature.

Qu'y a-t-il là de si déraisonnable et où est le fétichisme ? Direz-vous que Dieu n'ayant pas, comme les rois, besoin de ministres, nos prières peuvent se passer d'apostilles ? Autant dire que Dieu, sachant ce qui nous est nécessaire, n'a pas besoin qu'on le prie

...

pour nous le donner. Et pourtant la prière n'est pas une invention humaine, elle est le cri de notre cœur. Si un malheur nous menace, instinctivement et sans réflexion, nous prions Dieu de le détourner de notre tête, comme instinctivement et sans réflexion, nous portons la main sur la partie de notre corps où une vive douleur se fait subitement sentir.

Dieu ne saurait être plus insensible à l'intervention des saints, que le père à la prière d'un fils bien-aimé. Qui nous assure d'ailleurs que le bonheur des âmes récompensées ne consiste pas en partie à travailler au soulagement de celles qui expient?

La prière à Dieu est le lien qui unit l'homme à Dieu; la prière aux saints est le lien qui unit entre eux tous les membres de la famille humaine. Idée consolante qui charme le cœur sans offenser l'esprit, idée sans laquelle il n'y a qu'isolement, abandon, désespoir !

De ce qu'il est permis aux intelligences invisibles d'agir sur nous et pour nous, il ne faut pas conclure que leur action puisse se substituer à la nôtre, nous dispenser d'agir nous-mêmes, porter une atteinte quelconque à notre pleine et entière liberté. En aucune manière. Leur action se peut comparer à la rencontre fortuite, que fait le voyageur égaré, d'un inconnu qui lui montre son chemin, l'encourage et lui offre un verre d'eau pour étancher sa soif, mais ne le prend pas sur ses épaules pour le transporter au terme de son voyage. Aide-toi, le ciel t'aidera, laboure ton champ et tu moissonneras, cultive ta vigne et tu vendangeras; la moisson ne viendra pas spontanément dans ton grenier, ni la vendange dans ton cellier. Tu es sur la terre pour y travailler, souffrir et mourir. Perspective affreuse qui te ferait reculer au début de la vie, si le bandeau qui couvre tes yeux t'en laissait apercevoir toute l'horreur. Aussi, à côté de cette perspective, la religion a-t-elle placé l'espérance, et l'espérance, phare lointain, voilé par l'éloignement et les brumes de l'atmosphère, paraîtrait s'éteindre quelquefois, si, de loin en loin, il ne brillait d'un éclat plus vif par un accroissement de lumière.

Cet accroissement de lumière ne serait-t-il pas l'action sensible quoique invisible d'êtres intelligents et bons venant nous avertir que nous ne sommes pas abandonnés, qu'on veille sur nous et qu'après avoir longtemps erré sur une mer que nous croyions sans rivages, nous arriverons au port?

Par quels signes les intelligences invisibles peuvent-elles se manifester? le plus souvent, dit-on, par des guérisons dans des cas où la science humaine a été impuissante. Y a-t-il de ces guérisons constatées, certaines en ce qui concerne Élidie? J'ai connu des personnes honnêtes et dignes de foi qui, guéries sur sa tombe d'infirmités anciennes, croyaient fermement avoir été guéries par elle. J'ai vu, et on peut les voir, des béquilles abandonnées à Saint-Alyre, sans les-

quelles des boiteux n'avaient pu y venir et sans les-
quelles ils s'en étaient allés. Mais ces malades ne se
sont-ils pas fait illusion? cela pourrait être. L'imagination exerce sur nos organes une influence consi-
dérable.

Je ne conteste donc pas que les guérisons instanta-
nées attribuées à Élidie ne puissent être exclusivement
dues à une foi vive en elle, et qu'il n'ait fallu cette foi
vive pour les obtenir, comme il faut que nous ayions
foi en nous, si nous voulons faire quelque chose de
grand. Toujours est-il cependant que si elles ne sont
pas un acte de sa puissance, elles sont le résultat de la
confiance qu'elle inspire.

Peuvent-elles être un acte direct de sa puissance? Je
ne saurais l'affirmer, mais je n'oserais pas le nier, en
présence de la thèse que les âmes des morts nous
voient, nous entendent et nous portent de l'intérêt.

Qu'est-ce, après tout, que guérir une maladie? Est-
ce aller au rebours des lois de la nature? Non, c'est au
contraire connaître ces lois, découvrir la cause de leur
perturbation, et les remettre en mouvement bien loin
de les violer; c'est l'œuvre qu'accomplit tous les jours
le médecin avec plus ou moins de bonheur, suivant son
habileté. La question se réduit donc à ces termes : Répugne-t-il à la raison qu'une personne ayant vécu sur
la terre et plusieurs siècles dans un monde supérieur
au nôtre, où son intelligence n'est pas restée station-
naire, mais a continué de se développer et de s'élever,

puisque notre loi est d'avancer toujours ; répugne-t-il
à la raison que cette personne plus éclairée que les mé-
decins guérisse une affection restée rebelle à leurs ef-
forts ? Nous ne comprenons pas, il est vrai, comment
l'esprit peut agir sur la matière, mais notre ignorance
n'a pas le droit de déclarer impossible ce qu'elle ne
saurait expliquer. J'ignore absolument comment ma
volonté agit sur les muscles de mon bras ou de ma
jambe, mais je sais que je puis mettre mon bras et ma
jambe en mouvement, et je les mets en mouvement.
Essayer de démontrer tout ce que nous ne savons pas
par ce que nous savons, vouloir expliquer le méca-
nisme de l'univers comme l'horloger explique le jeu de
la montre qui sort de ses mains, me paraît une pré-
tention hardie et téméraire.

Mais revenons à notre sujet. On me demandera : A
quoi bon la peine que vous prenez, le papier que vous
usez ? qu'importe au monde, qu'importe même à l'Auvergne qu'il ait existé, dans un de ses coins les plus
obscurs, une femme plus ou moins digne d'éloges par
les vertus que vous lui attribuez ?

Hélas ! si l'homme par son intelligence rappelle le
type divin sur lequel il a été modelé, il faut convenir
aussi qu'il a une singulière propension à faire ce qu'il
voit plutôt que ce qu'il doit. Presque toujours sa conduite se règle sur celle d'autrui. Il fait le bien et le
mal avec la même facilité. Aucun penchant ne lui est
plus naturel que l'imitation. Dès lors, n'est-ce pas lui

rendre service qu'offrir à ses regards des modèles qui peuvent améliorer sa conduite en élevant ses sentiments? — Sans doute, mais il faudrait avoir soi-même l'autorité que donne l'exemple : l'avez-vous? et si vous ne l'avez pas, de quel droit vous érigez-vous en réformateur? — Vous avez raison : « Bien faire vaut mieux « que bien dire. » (1) Cependant, il ne serait pas juste de blâmer celui qui s'étant égaré dans la route, viendrait vous indiquer les moyens de ne pas vous y égarer à votre tour. Funestes toujours à ceux qui les commettent, les erreurs sont souvent utiles à ceux qui savent en profiter pour n'y pas tomber.

Mais la malignité humaine ne voit pas les choses ainsi. A ses yeux, le malheureux qui se noie a grand tort de s'efforcer de sortir de l'eau et de ne pas se noyer tout à fait. Elle ne veut voir dans le retour au bien qu'une faiblesse d'esprit, sans tenir compte de ce qu'il faut quelquefois d'énergie pour remonter les bords escarpés du fossé où l'on a glissé par faiblesse, par inexpérience, par entraînement surtout. En sorte que, blâmé pour avoir fait le mal, blâmé pour faire le bien, on est toujours blâmé. Quel parti prendre alors? — Fais ce que tu dois, advienne que pourra. Attache peu d'importance à l'opinion des hommes, aime-les malgré leurs travers, plains-les, pardonne-leur et règle ta vie non sur leurs idées presque toujours faussées

_____

1. Victorin Fabre.

par quelque passion, mais sur celles que Dieu a gravées dans ton cœur et dont tu ne peux pas t'écarter sans que ta conscience te crie : Arrête ! tu fais mal.

Les idées fausses sont la principale cause de nos fautes et de nos malheurs. Peu d'idées résistent à l'altération, et l'altération des idées conduit toujours à l'altération des sentiments. Assurément la religion n'est pas ridicule parce qu'un dévôt imbécile la fait consister dans des pratiques niaises ; elle n'est pas odieuse parce qu'un hypocrite la profane ; elle ne cesse pas d'être vraie parce qu'un mauvais prêtre donne à penser par sa conduite qu'il n'y croit pas. Mais les esprits faibles et légers, qui sont presque tous les esprits, la rendant responsable de la stupidité du premier, de la fourberie du second et des torts du troisième, finissent par n'y voir qu'une invention pour contenir les sots, un moyen pour les habiles de faire leurs affaires, un métier dans lequel le clergé gagne plus ou moins honnêtement sa vie. Et telle est la déconsidération dans laquelle tombe de la sorte le culte, qu'un moment arrive où l'honnête homme n'ose pas s'agenouiller publiquement devant Dieu, craignant de passer, lui aussi, pour un niais ou un fourbe.

Revenons donc aux idées justes et aux sentiments vrais. Ne suivons pas la tourbe des ignorants ou des pervers, élevons-nous à l'imitation des grands caractères qui, comme Élidie, savent mourir plutôt que s'avilir. S'il y avait plus d'Élidies dans nos villages, il y aurait moins d'Aspasies dans nos villes, et moins de désolation dans les familles de nos campagnes qui envoient leurs enfants au loin chercher de l'or et de la corruption. L'amour de l'or fait plus de prostituées que la séduction ne fait de libertines, et ceux qui désertent le champ paternel pour courir les aventures, à la poursuite de cette volage qu'on appelle la fortune, ne savent pas assez qu'elle passe de main en main sans se fixer dans aucune, laissant dans toutes la sensation d'une brûlure profonde, et dans quelques-unes une honte indélébile.

Espérons qu'après s'être longtemps agité dans un cercle vicieux, l'homme passera enfin de l'enfance à la virilité, et qu'alors il comprendra qu'en dehors des lois morales il n'y a pour lui que déception et amertume; que son sort est intimement lié à celui de ses semblables; qu'il ne travaillera efficacement à son bonheur qu'en travaillant à leur bonheur; que le précepte divin qui nous l'ordonne est la plus habile politique que nous puissions suivre. Il est plus habile en effet d'aimer et d'aider autour de nous, que de haïr ou de nuire, puisque nous avons intérêt à être aimés et aidés, sans quoi la vie matérielle même ne serait pas possible. Il est plus habile aussi d'être modeste qu'orgueilleux, car celui qui s'apprête à dominer les autres doit commencer par subir l'humiliation de ramper aux pieds des grands sans qu'ils lui accordent toujours, pour prix de ses bassesses, la fonction qu'il est inca-

pable de remplir, ou les titres honorifiques qu'il men-
die au lieu de les mériter. Bien plus digne et plus
heureux l'homme qui se contente « du pain de sa fa-
rine[1]; » qui jouit de sa liberté, au lieu de la vendre,
et ne craint pas qu'on l'abaisse, parce qu'il a l'esprit
d'attendre qu'on l'élève.

Suivons la loi de notre nature, qui veut que nous
marchions de progrès en progrès, et d'amélioration
en amélioration. Souvenons-nous que la terre n'a pas
toujours été ce que nous la voyons, qu'elle a été sté-
rile avant de devenir féconde; qu'il a fallu les sueurs
de bien des générations pour faire croître le blé où ne
croissaient que des forêts et des ronces; que si nous
sommes, Dieu merci! déjà bien loin du temps où un
petit hobereau pouvait faire trancher la tête à l'honnête femme qui lui résistait, une longue route nous
reste encore à parcourir avant d'atteindre au but. Et
pourtant, que de sang et de larmes n'a-t-il pas fallu
pour arriver où nous sommes!

N'oublions jamais que nos ancêtres nous ont trans-
mis la vie meilleure qu'ils ne l'avaient reçue, et que
nous devons à notre tour la transmettre à nos arrière-
neveux meilleure qu'elle ne nous a été donnée; car la
civilisation païenne n'avait pu s'élever au-dessus de
l'amour de la patrie, qui était encore de l'égoïsme,
tandis que le fils de Marie est venu nous révéler qu'il

_____

1. Victorin Fabre.

n'y a sur la terre qu'une famille, l'humanité, et que la fin de la vie est la réunion de tous les enfants dans le sein du Père.

O Élidie! toi qui sans doute m'as inspiré ce qu'il peut y avoir de bon et d'utile dans cette préface trop longue, sois bénie! et du haut des régions éthérées que tu habites, daigne de temps en temps laisser tomber un sourire sur ton berceau; sois toujours le soutien comme tu es le guide des pauvres filles de nos montagnes. Place ta main virginale dans leur main et conduis-les, aide-les à accomplir le pèlerinage si dur de la vie, relève celles qui tombent, panse les blessures de celles qui se sont meurtri les pieds aux cailloux du chemin, maintiens les forts qui peuvent porter le poids du jour, et soulage, dans leurs souffrances, les simples de cœur qui t'invoquent avec confiance, parce qu'ils savent que, fidèle à ses promesses, Dieu donne la puissance à qui recherche l'humilité.

J. S.

Paris, le 14 juillet 1865.

LÉGENDE

DE SAINTE ÉLIDIE

LÉGENDE

DE

SAINTE ÉLIDIE,

PATRONNE DE SAINT-ALYRE [1].

Élidie vécut au commencement du douzième siècle. Elle naquit à Germalanges, petit hameau de la paroisse de Saint-Jean-d'Entre-Aigues, aujourd'hui Saint-Alyre [2]. Elle était pauvre et elle était

[1] La naïveté de cette légende et la manière rigoureusement uniforme dont on la raconte, depuis des siècles, sont une preuve frappante de sa vérité.

[2] Telle a été dès l'origine la renommée d'Élidie, qu'elle a pendant longtemps donné son nom à la commune. *Saint-Jean-En-traigues* fut oublié pour devenir *Ælyd* (on écrivait alors *Ælydie*) *Illid, Illidium, Illyre*, et enfin Saint-Allire ou Saint-Alyre, par confusion d'Élidie et du nom d'un évêque de Clermont qui s'appelait Alyre. Comme il existe dans le diocèse de Clermont trois paroisses du nom de Saint-Alyre, ne serait-il pas aussi raisonnable que conforme à la justice, d'appeler *Sainte-Elidie* celle qui a donné le jour à la vierge de Germalanges ?

belle, ce qui n'a jamais été heureux pour une jeune fille. Mais elle avait la crainte de Dieu, et cette crainte la soutint toujours; mais elle avait le senti- ment de sa faiblesse, se défiant de tout ce qui l'en- tourait, et cette défiance la préserva; mais elle priait, et la prière a une singulière puissance. Aussi put-elle traverser, sans être une fois surprise, une existence, sinon longue, du moins difficile, à cette époque plus qu'à toute autre.

Élidie fut réduite, par sa pauvreté, à remplir au château de Poulargues, aujourd'hui détruit[1] les humbles fonctions de servante. Elle avait quinze ans. Après quelques années, elle fut chargée de la surveillance de toute la maison, et se trouva ainsi en butte à la jalousie et à la rapacité d'un domestique

---

[1] Le château de Poulargues, dont il ne reste aucun vestige e dont il serait peut-être difficile de déterminer exactement la place, n'était autre chose qu'un de ces repaires de gentillâtres voleurs après avoir été soldats, comme il y en avait tant au moyen âge.

Trop faible pour soutenir un siége contre une armée régulière, Poulargues était assez fort pour résister à des bandes de pay- sans qui venaient réclamer leur blé ou leurs bestiaux enlevés de vive force, lorsqu'ils ne pouvaient pas payer la dîme ou que la disette se faisait sentir au manoir.

Nous avons des raisons de croire que le sire de Poulargues qui régnait alors, s'appelait *Hermantès*.

Le temps nous a manqué pour consulter ce qui a pu échapper à la destruction des chartes de l'abbaye de la Chaise-Dieu, con- servées, soit dans ce monastère, soit dans celui de Saint-Maur, auquel il a été réuni en 1640 par Richelieu.

nombreux et peu honnête. De là bien des calomnies et de sourdes menées. On lui reprochait une trop grande sévérité, une rigueur outrée, une aggravation du service. On donnait à entendre qu'elle défendait les intérêts de la maison plus qu'il ne convient à une servante. On allait jusqu'à supposer qu'elle avait pour la personne du maître un amour aussi grand que pour ses intérêts.

Élidie supportait toutes ces calomnies avec résignation. Dans ce temps où les seigneurs avaient droit de vie et de mort sur leurs vassaux, il n'était pas facile, sans être cruel, de se plaindre, même à la châtelaine qui avait à ses ordres des sicaires. Malheur à qui lui aurait été signalé comme ayant manqué à son devoir.

Après un long temps écoulé dans cette lutte, la jeune servante voyant qu'il lui était impossible de la faire cesser, résolut de se retirer. Mais un obstacle soudain vint s'y opposer. Un domestique avait malversé; on inventa contre Élidie une foule de choses plus fausses les unes que les autres. On l'accusa d'avoir, par défaut de surveillance, rendu la malversation possible; on alla jusqu'à dire qu'elle l'avait favorisée, qu'elle avait été de connivence avec le malversateur.

Elle ne pouvait pas se défendre sans accuser, elle ne se défendit pas, laissant à Dieu le soin de son honneur et de sa réputation. De nos jours les choses se passeraient tout autrement ; alors il fallait souffrir et se taire, si l'on ne voulait pas prévenir le mal par un mal plus grand, ou du moins rendre le mal pour le mal. Élidie, sévèrement jugée par ses maîtres, ne crut pas devoir les quitter sous l'empire du soupçon qu'on faisait peser sur elle ; elle se résigna à souffrir et à tout attendre du temps et de Dieu.

Un jour, on vint l'avertir que le sire de Poulargues la demandait, qu'il avait à l'interroger. Elle se rendit auprès de lui. Il la reçut avec dureté et lui reprocha sa négligence, plus que cela, sa complicité. Élidie lui assura qu'il se trompait, qu'il en aurait la certitude un jour. Le sire de Poulargues, au paroxisme de la fureur, soutint qu'il avait la preuve de ce qu'il disait, et qu'il allait la livrer à la justice du bailli [1]. Élidie, effrayée, lui demanda grâce, le supplia d'attendre, que la vérité se ferait jour, que son innocence serait reconnue. Le seigneur se montra inflexible ; il appela un homme d'armes et la fit arrêter.

Élidie fut traduite devant le bailli, homme d'une

[1] La seule chose qui m'étonne dans ce récit, c'est que le seigneur ait traduit sa servante devant le bailli au lieu de la juger lui-même. J'en conclus que le sire de Poulargues daignait quelquefois respecter les formes de la justice.

grande équité, mais aussi sévère qu'équitable. Une enquête eut lieu, des témoins furent entendus, et l'innocence de l'accusée sortit triomphante de cette épreuve.

Élidie avait des amis, leur zèle les rendit intempérants de langage, un second procès eut lieu, et les accusateurs de la veille, accusés le lendemain, furent convaincus d'avoir commis la malversation qu'ils reprochaient à la connivence d'Élidie. La justice du bailli fut inexorable, un des coupables fut pendu, et les autres plus ou moins châtiés.

A la suite de cet événement, Élidie jouit d'une grande faveur au château, sa situation fut entièrement changée, le seigneur se montra plein de bons procédés et de bienveillance pour elle.

Mais à partir de ce moment, elle s'aperçut avec effroi qu'elle courait un danger d'une autre nature. Ainsi que nous l'avons dit, elle avait quelques charmes qui avaient été remarqués. Sa pudeur, sa réserve, furent pour elle une sauvegarde longtemps, et l'auraient peut-être été toujours, sans un événement imprévu. La châtelaine mourut, et le châtelain alors devint audacieux. Élidie avait à peine atteint sa vingt-quatrième année. Comment, à cet âge, une fille du peuple, sans défense, aurait-elle pu se soustraire aux agressions d'un maître tout puissant? Il fallait fuir, mais où aller? Pouvait-elle trouver un asile qui lui offrît quelque sécurité dans la chaumière de son père, pauvre paysan, sans fortune et sans nom [1] ?

Dieu veillait sur elle, car il veille sur tous ceux qui l'implorent avec confiance. Il lui inspira l'idée de se réfugier dans la forêt voisine, où elle vivait comme elle pouvait, de racines, d'aumônes, de ce qui se présentait à sa main. On dit même qu'un chien qu'elle avait élevé et qui l'avait prise en grande affection, lui apportait la pitance qu'on lui donnait, même la part du maître, quand il pouvait la dérober, et qu'aussitôt qu'il avait saisi sa proie, il gagnait les champs. On avait remarqué ce manége, on en riait [1], on en faisait le sujet de mille histoires.

Cependant à Poulargues on ignorait ce qu'était devenue Élidie ; on l'avait inutilement cherchée. Un jour, le seigneur chassant dans les environs, avait cru l'apercevoir ; il ordonna à ses hommes d'armes de fouiller la contrée dans tous les sens. Ceux-ci, après plusieurs tentatives infructueuses, aperçurent le chien et le suivirent à travers la forêt. A quelques centaines de pas du ravin où coule la fontaine qu'on appelle depuis *Roumée*, par corruption de *Renommée*,

---

[1] Les noms patronymiques ne remontent guère au delà du xIIIᵉ siècle.

l'animal fidèle s'arrêta, guidant inconsciemment les traqueurs. Élidie, découverte, prit la fuite ; on la poursuivit au cri terrible alors de : *Arrêtez la sorcière*[1] *!* La poursuite ne fut pas longue ; entravée par la fougère, Élidie tomba, l'arme d'un soldat s'abattit sur elle et la blessa grièvement au cou[2] ; elle fut laissée pour morte. Réveillée de sa léthargie par la fraîcheur de la terre, elle se leva, se traîna jusqu'à la fontaine et y lava sa blessure. L'eau fut rougie de sang. Affaiblie par la perte de tant de sang, Élidie n'avait plus la force de remonter le ravin. Ses traqueurs qui l'observaient de loin, inquiets peut-être d'avoir outrepassé les ordres qu'ils avaient reçus, vinrent à elle et la transportèrent au château. Elle y expira quelques heures après. Avant de rendre le dernier soupir, elle fit appeler le seigneur et lui dit : « J'ai arrosé de mon sang la terre de vos aïeux que mon père arrose tous

[1] Il serait facile de justifier cette légende sur tous les points. Élidie, aussi active que pieuse, trouvait dans la manière expéditive de faire son service, le temps d'assister à tous les offices de la paroisse. Les autres domestiques, indolents ou paresseux, disaient, les uns que la vierge faisait sa besogne, les autres que c'était le diable, et l'appelaient *sorcière*.

[2] La tradition populaire veut qu'Élidie ait eu la tête tranchée d'un seul coup et qu'elle l'ait prise dans ses mains. Il ne faut voir dans cette altération évidente du fait que la propension du moyen âge au merveilleux, accueillie et conservée par l'ignorance et l'irréflexion.

les jours de la sueur de son front ; Dieu la rende féconde et riche en moissons ! »

Ce meurtre, qui n'avait pas été ordonné par le
maître, lui causa du regret. Il voulut, par une sorte
de réparation, que sa victime fût inhumée près des
tombeaux des hauts et puissants seigneurs de Poulargues, au nord de l'église paroissiale.

L'équité veut qu'on ajoute que s'il fut égaré par
la passion, le seigneur de Poulargues n'était cependant pas un homme méchant, ainsi qu'il le prouva
en désignant la sépulture de celle dont il avait in-
volontairement causé la mort.

Cette mort tragique fit grand bruit. La conscience publique, qu'on peut égarer mais qu'on
ne saurait étouffer, protesta contre le crime de la
puissance ; on vint s'agenouiller et prier auprès
du tertre sous lequel reposait Élidie ; on y éleva
une croix et un entourage en bois qui, remplacé
dans la suite par des murailles, devint la chapelle
où depuis près de huit siècles on se rend en pèlerinage[1].

---

[1] On donne une autre origine à la chapelle. Élidie était en-
terrée auprès d'un buisson. Un chiffonnier attachait son âne aux
branches de ce buisson, nonobstant l'opposition de plusieurs
femmes qui lui criaient de respecter la tombe d'une sainte. —
« Sainte ou sorcière, quel mal peut lui faire mon âne ? » Frappé
subitemunt de cécité, il aurait fait vœu, s'il recouvrait la vue,
de bâtir une chapelle à la place du buisson.

Bientôt au pied de cette croix des guérisons nombreuses s'opérèrent, que la reconnaissance publique exalta. L'autorité ecclésiastique s'émut, le premier pasteur du diocèse ordonna qu'il fut procédé à une enquête. On ouvrit le cercueil, on recueillit les ossements de la sainte fille, et après en avoir pris quelques fragments pour le reliquaire de la cathédrale et pour ceux des églises de Clermont, on les enveloppa dans un drap de soie, et on les plaça dans une petite caisse en pierre que l'on scella du sceau de l'évêché. Depuis, les évêques de Clermont les ont fait visiter à diverses époques. Les procès-verbaux dressés à chaque visite ont pour la plupart disparu. Deux cependant ont été respectés par le temps : celui de Monseigneur d'Estaing et celui de l'illustre Massillon.

A l'époque de la révolution de 93, les cendres d'Élidie furent soustraites à la profanation et transportées à Aubapeyres, village voisin de Germalanges son berceau. Ce ne fut que plusieurs années après qu'elles furent replacées sous l'autel de la chapelle où elles ont toujours été pieusement conservées.

La nouvelle chapelle que l'on vient de construire, un peu plus longue que l'ancienne, a obligé de reculer l'autel de quelques pieds. Il n'est plus au lieu où fut le tombeau primitif, que recouvrira une dalle avec une inscription.

Telle est, dans sa naïve simplicité, la légende d'Élidie, conservée par la tradition.

Les guérisons subites qui s'étaient opérées au pied de la croix du cimetière, n'ont pas cessé depuis, ainsi que l'attestent les béquilles abandonnées soit à la fontaine Roumée, soit dans la chapelle. Les fiévreux et les paralytiques s'y font porter de très-loin.

La fête d'Élidie est célébrée le troisième dimanche de juillet. Les jeunes filles de la paroisse, en robe blanche et l'écharpe rouge en sautoir, vont en pèlerinage à la fontaine Roumée, où elles portent la statue couronnée de fleurs de la martyre.

Les attributs de cette procession : l'étendard déployé, les tambours, la représentation du roi, de la reine et de leur suite, les chevaliers, les hommes d'armes, tout indique l'époque guerrière de son institution et justifie par là même la vérité de ce récit.

Cette fête unique en son genre en ce qu'elle est exclusivement religieuse, exerce une heureuse influence sur la population. Il n'y a d'autres jeux que les exercices militaires des jeunes gens, la danse y serait considérée comme une profanation.

Le culte d'Élidie est une sauvegarde pour les jeunes filles de la paroisse. Celle qui aurait fait une faute grave, n'oserait pas revêtir la robe blanche, se mêler à ses compagnes, au jour de la fête, et son absence serait pour elle une sorte de flétrissure. Aussi a-t-on remarqué que les exemples d'inconduite étaient rares à Saint-Alyre.

FIN.

9 782013 182973